AF275681

¡ MÁS PALABRAS MÁGICAS!

Más cuentos para niños a través de Ho'oponopono

¡Más palabras mágicas!
Más cuentos para niños a través de Ho'oponopono

© del texto y de las ilustraciones: Victoria Bouvier
© del diseño y corrección: Equipo BABIDI-BÚ

© de esta edición:
Editorial BABIDI-BÚ, 2024
Avda. San Francisco Javier, 9, 6ª, 23
Edificio Sevilla 2
41018 - SEVILLA
Tlfn: 912.665.684
info@babidibulibros.com
www.babidibulibros.com

Impreso en España
Primera edición: enero, 2024

ISBN: 978-84-19859-50-1
Depósito Legal: SE 2245-2023

Reservados todos los derechos

Victoria Bouvier

¡ MÁS PALABRAS MÁGICAS!

Más cuentos para niños a través de Ho'oponopono

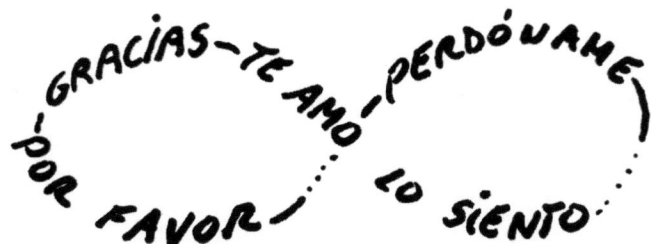

A Mía y Astor

ÍNDICE

INTRODUCCIÓN

¿Y por qué más magia? ¿Y por qué no?...

Un día sin más, vino un cuento a mí con una palabra mágica, sí, fue mágico de la forma que vino a mí y entonces me pregunté… «¿Y por qué no escribir *Más Palabras Mágicas?*».

Y así fue la continuación de este sueño, que sigue siendo que algún alma que me conozca o no, me lea, lea estas palabras que escribo desde mi ser y con todo mi amor.

Escribo desde mí, desde mi niña interior, que grita, que suplica que no deje de escribir, que no deje de decir cosas con palabras (que es como mejor me expreso y me he expresado siempre), que no deje de soñar, y de creer sobre todo en mí misma.

Eso me dice mi niña interior, y tu niño ¿qué te dice?, a ti, que eres aún un niño, y que lo escuchas cada día y a cada momento, y a ti que te habla desde dentro y te susurra que no lo olvides, que está ahí dentro, aunque no lo puedas ver...

Escucha, tu niño es mágico, siempre te dirá la verdad y sin rodeos, te dirá quién eres y qué quieres, no lo que te conviene o lo que debes hacer, y seguro será más divertido, pero no solo te traerá alegría, no, te traerá confianza y certeza, te traerá la armonía que solo te da la felicidad sin expectativas, esa que solo vive en el presente que vives, tu verdad, la única que solo tú sabes.

Palabras Mágicas fue un libro buscado por ni niña interior y el resultado de nuestro encuentro, y no solo me encontré conmigo, con aquella niña que escribía y que había olvidado, también fue el encuentro con muchas personas maravillosas que llegaron a través de él, eso sí que fue magia, y se lo debo a este poderoso encuentro que me hizo llegar a tantas almas.

Y ahora aquí les traigo *Más Palabras Mágicas*, porque siempre hay que seguir soñando, sobre todo, cuando por fin uno se encuentra y logra todo aquello que le hace feliz, no puede detenerse, porque el mundo no lo hace, hay que seguir construyendo, creando, aprendiendo.

Yo sigo en este camino, pero sigo, sobre todo, aprendiendo día a día, me gusta que las palabras mágicas y poderosas llenen mi vida y la de los que amo, por eso lo hago desde mi amor, desde todo lo que puedo transmitir. Muchas veces siento que la magia se pierde, porque los que creemos en ella también vemos que esa luz que brilla, a veces titila, y otras se apaga. Pero siempre hay alguien que la enciende, siempre hay alguien que comparte su luz y nos ilumina, y que con un gesto o una palabra nos hace brillar, y a veces somos nosotros mismos los magos que cambian la vida a alguien, y no lo sabemos, por eso es tan importante regalar magia a nuestro paso, y si son palabras mágicas, ¡mejor!

HO'OPONOPONO

Repasando conceptos…
¿Ya sabes que es «Ho'oponopono»?

Como vimos en mi primer libro *¡Palabras Mágicas!* «««Ho'oponopono»»» significa corregir un error, y da nombre a una filosofía de vida que procede de Hawái, y que se basa en un proceso de arrepentimiento, perdón y transmutación que permite realizar una limpieza mental de los pensamientos y sentimientos negativos para eliminar los bloqueos y recuperar la paz interior.

Al practicar «Ho'oponopono» borramos patrones negativos instalados en nuestro subconsciente y nos quedamos en el ahora, en el tiempo presente, y al ubicarnos en el presente, aceptamos la responsabilidad de nuestros aciertos y desaciertos, como creadores de nuestra realidad.

Cuando repetimos la palabras mágicas «Lo siento», «Perdóname», «Te amo», «Gracias», reconocemos nuestra condición de seres amados y dadores de amor, responsables y agradecidos, alejándonos de los reclamos del ego y el temor a la pérdida.

Conocimos palabras mágicas que nos ayudan a estar en el presente, a no preocuparnos por lo que ya pasó o lo que pasará, y a sentirnos plenos con nosotros mismos, perdonando y agradeciendo las lecciones recibidas. A través del «Ho'oponopono», damos las gracias por nuestros afectos y situaciones actuales y llamamos a la prosperidad en nuestra vida.

Como vimos anteriormente, la práctica es muy sencilla, repetir mantras o palabras que tengan una vibración alta, nos eleva por encima de todo lo que no nos gusta y nos sitúa en un lugar mucho más cómodo y placentero: el hoy.

Luego recordaremos juntos las palabras mágicas ya aprendidas y otras que podemos aprender en los cuentos que nos harán familiarizarnos con ellas.

Hay muchas personas hoy en día que practican «Ho'oponopono», que comparten sus experiencias a través de libros, videos, seminarios y conferencias para quien quiera seguir descubriéndolo.

Lo más importante de esta maravillosa técnica ancestral es que nos permite reconectar con nosotros mismos, a los niños ser niños y no dejar de serlo en esencia, y a los adultos a volver a serlo en pensamiento y sentido.

APRENDIENDO PALABRAS MÁGICAS EN HAWAIANO

El idioma autóctono de Hawái es el malayo-polinesio, idioma oficial junto con el inglés. Aquí dejo algunas de mis palabras preferidas...

- HOPONOPONO: hacer lo correcto/ corregir un error/limpieza mental
- MAHALO: gracias
- OHANA: familia
- ALOHA: hola/ adiós/ amor
- KAHUNA: sacerdote /curandero/ sabio
- AINA: tierra
- KAI: mar
- LA: sol
- HOKU: estrella
- ANUENUE: arco iris

- WAKEA: cielo
- POHAKU: piedra
- PUA: flor
- PILI ALOHA: amistad
- UNIHIPILI: niño interior / universo
- POMAIKAI: buena suerte
- E KOMONAI: bienvenido / para compartir
- HAU OLI LA HANAU: feliz cumpleaños
- A HUI HOU: hasta que nos volvamos a ver

LA INTENCIÓN DE LA PALABRA. Y SI ES MÁGICA, MEJOR

Cuando hablamos de palabras hablamos de emociones, hablamos de todo lo que tenemos dentro, y sale de nuestro ser para compartirlo con quien nos escuche.

Las palabras pueden hacer mucho más de lo que creemos, tienen un impacto directo sobre nuestros actos, nos definen, nos crean, depende de cómo pueden unirnos o distanciarnos, son tan poderosas que muchas veces no llegamos a tener verdadera conciencia de lo que significan o pueden hacer lo que decimos, cantamos, gritamos o susurramos.

Y las palabras mágicas, ¿por qué lo son? En «Ho'oponopono» se convierten en mantras todas aquellas palabras que nos ayuden a vibrar más alto, a sentirnos más plenos, y a la vez a dejar de lado todo lo que no somos para volver a ser quien de verdad queremos ser.

Sí, como si hiciéramos magia, pero con palabras que nos ayuden a sentirnos bien, y desde nuestro bienestar ayudar también a los demás a que lo sean.

«GRACIAS», es una palabra mágica (una de mis preferidas) es como inmensa, y cada vez que uno la dice y la repite es como si se expandiera la felicidad que trae consigo la propia palabra.

Hay muchas frases o palabras compuestas como las que ya vimos en *Palabras Mágicas*, como «HIELO AZUL», «VERDE ESMERALDA», «FUENTE PERFECTA», «GOTAS DE ROCÍO» o «LLOVIZNA».

En este libro aprenderemos más palabras que también son mágicas y que se utilizan en esta técnica tan bonita del «Ho'oponopono» que, por cierto, es una palabra proveniente de Hawái y que es un poco difícil de pronunciar, pero muy fácil de practicar. Podemos repetir estas palabras y soltar con ellas toda la magia que tenemos dentro.

Me gustaría que me acompañes a leer estos nuevos cuentos con palabras como: «COLIBRÍ, BASTÓN DULCE, FLOR DE LIS, TAZÓN DE CHOCOLATE o ARÁNDANOS», palabras que son pequeñas historias en las que te sentirás parte de ellas.

Alguien me dijo una vez que la intención era casi más importante que el acto en sí; entonces, aquí dejo mi intención, en las palabras, para que las leas y te llenen de magia.

Puedes inventar tus propias palabras mágicas, todas la palabras que vengan a ti y te hagan bien serán mágicas, siempre repitiéndolas desde tu ser..., desde allí se expandirán junto con tu amor.

CARTA A MAMÁ Y PAPÁ

Siempre fueron los mejores…

Bueno, siempre no, en realidad hubo veces que me enfadaron mucho, que no les entendía y que no estuve de acuerdo en muchas cosas. A veces no sé si lo hacían a propósito, pero era querer yo algo, y no hacerme caso, como si no fuera importante, o como si lo que dijera no tuviera valor.

Aun así, eran los mejores, separados, diferentes, especialmente diferentes, eran mi mamá y mi papá para todo, desde lo más pequeño hasta lo más grande, eran todo.

Son mi mamá y mi papá porque, aunque ahora sea grande y ya no llame en mitad de la noche a mamá para decirle que me duele la panza, ni diga: «Papá, ¿me dejas salir?», son mis padres y siempre lo serán.

Hoy, que ya soy no soy aquella niña que necesita ir de la mano al colegio, les digo «gracias» por darme la mano, esa mano ha sido la que me ha acompañado toda la vida, y me sigue acompañando. No siempre fui justa, fui caprichosa, rebelde, porfiada, como muchos niños supongo, pero yo me recuerdo a veces, irreverente, a veces, creyéndome más grande de lo que era.

Y ahora vuelan a través de mí tantas frases, tantas charlas y consejos aletean como mariposas en mi alma; esas palabras que parecían estar demás o que en ese momento no tenían sentido, han cobrado el sentido a lo largo del tiempo.

Siempre fueron los mejores, no sé si se los dije alguna vez, con todos sus defectos, ahora sé que lo hicieron lo mejor que pudieron, con todo el amor que pudieron y que tenían; ese amor me bastó para ser hoy en día quien soy; a cada niño les basta el amor de sus padres, porque los aman siempre todos los días, cuando están ocupados o enojados también los aman, hasta cuando no saben cómo hacerlo, también los aman.

No, no lo sabía, no me lo contó nadie, no sabía que los padres, además de padres, eran personas que eran hijos, amigos, esposos, y que, aunque eran grandes, no lo sabían todo, y ya sé que muchas veces parecía que sí, o hicieron ver que sí. Y que habían sido niños, y que quizá ese niño aún tenía preguntas, miedos, búsquedas y cosas pendientes…, pues eso no se cumplía con los años, cada año al soplar la vela en la tarta de cumpleaños; ese niño vivía dentro así, como vive mi niña dentro de mí hoy en día, recordándolos a cada paso que doy, haciendo o intentado hacer lo mejor por mis hijos ahora que soy madre, con todo lo que me enseñaron con cada pedazo de sus vivencias en las mías, que también ahora son y serán de ellos.

Mamá, papá … Quizás no les dije todas las veces que me hubiera gustado, cuánto los quiero, y cuánto agradezco todo lo que hicieron por mí y mis hermanos, ahora entiendo que ese valor que tuvieron no lo enseñaban en la escuela con la tabla de multiplicar, y que nada de lo que podía dar por supuesto, lo era, porque eran sus experiencias, sus vidas, ayudando a nuevas vidas a atravesarla lo mejor posible, y que a través de su propio mundo llenaban el nuestro con aciertos y errores, pero con sus creencias, con su verdad.

¿Cuántas veces me felicitaron? ¿Cuántas me regañaron? ¿Cuántas veces me dijeron la misma frase? Siempre me estaban ayudando, con lo que estuvieran haciendo me estaban ayudando a ser yo misma, porque siempre me dejaron volar como esas mariposas que hoy vuelan dentro de mí cuando pienso en ellos y los siento, porque los tengo aquí conmigo, entre estas letras, entre este cuerpo que los abrazó tantas veces, y esta alma que los abrazará siempre, lejos en la distancia, pero aun hoy, mamá y papá... me ayudan a vivir, porque son los mejores.

Siempre serán los mejores.

HAKUNA MATATA

A veces nos hacemos problemas por cosas que no valen la pena. Eso lo hemos oído muchas veces... Sentimos profunda pena por algo que igual solo la merece un poco, y digo un poco, porque está bien permitirse sentir las emociones, incluso la de la tristeza, pero está bien sentirla para luego pasar a otra que nos reconforte más.

Algunos problemas pueden ser, por ejemplo: no saber hacer los deberes, o que un amigo que queremos mucho no nos hable porque se haya enfadado, o que los padres no escuchen algunas peticiones, sí, son tipos de problemas que a veces podemos sentir que no tienen solución, pero te cuento un secreto: todos los problemas se pueden solucionar, y cuanto menos pensemos en ello más rápido vendrá la solución.

Ya lo decían Timón y Pumba en El Rey León: «Hakuna Matata» , que significa «No hay Problema»; es una expresión suajili, una de las lenguas que se habla en el continente africano, principalmente en Kenia y Tanzania. Ellos le decían al pequeño Simba, cantando, que no se preocupara y que fuera feliz, que es lo que viene a decirnos esta frase.

Y con esta frase que se hizo popular en el mundo entero, gracias a esta maravillosa película, quiero recordar lo importante que es no preocuparse por los problemas.

Cierto es que algunas personas piensan que si no te preocupas por algo, es porque no te interesa o no te importa, pero tengo que decir respecto a eso, que creo que lo más importante es tomar acción sobre él, preocupándonos sin más no conseguiremos nada, pero ocupándonos de solucionarlo sí.

No preocuparse no quiere decir no ser responsable, al contrario, haciéndonos responsables de nuestros actos es como podemos solucionar más pronto el problema, porque normalmente le echamos la culpa a otro, que es más fácil que hacernos cargo nosotros mismos, pero la verdad es que si antes nos hacemos cargo del problema, tomando conciencia de cómo podemos solucionarlo sin que nos duela la cabeza, ¡será mejor!

Entonces la clave está en que una vez detectado el supuesto «problema» tomar cartas en el asunto, ¿y qué quiere decir esto? Evaluar nuestra reacción ante él. Es decir, tengo un problema...¿Qué hago? ¿Cómo lo arreglo?

La solución siempre vendrá desde nuestra paz, y no desde el agobio que a veces produce el pensar tanto, tampoco sirve la culpa, no nos trae la solución, así que lo más recomendable es llamarnos a la calma, y desde allí seguro que encontramos la solución.

Me ha pasado, seguro que a ti también, y puedo decir que desde que he decidido soltar la preocupación, los problemas parecen menos problemas.

Además, me acuerdo de «Hakuna Matata» y sonrío, porque es algo que todos podemos hacer. Recuerdo que en la canción, Pumba cuenta que cuando era un jabalí pequeño y no olía muy bien,

sus amigos escapaban de él, ¿y él qué hizo?…
Pues aprender a decir «HAKUNA MATATA», y
que ningún problema debe hacerte sufrir.

«ASANTE» es «GRACIAS» en Suajili, aprendí
esta palabra para dar las gracias en la misma len-
gua que aprendí a no preocuparme tanto y a ser
más feliz ¡Prueba tú también!

LA MAGIA DE
LOS CUENTOS

OJOS DE AMOR

Esta historia empieza con Amorina, con una niña que, como su nombre, era puro amor. Amorina era la mayor de cuatro hermanos, desde muy pequeña acostumbrada a ayudar a su madre en las cosas de casa. Además, quería hacerlo, le gustaba ayudar a bañar a sus hermanos, ayudarle a hacer los deberes, a darle la papilla a la más pequeña que aún era un bebé, ordenar los coches desparramados por todas las habitaciones de su hermanos, y contarles cuentos de los clásicos e inventados, a veces se ponía a escribir historias y luego se las contaba a sus hermanos antes de ir a dormir.

La madre de Amorina confiaba mucho en ella, sabía que ella lo hacía desde el amor a la familia, aunque a veces tenía que decirle que no se tomara tanta responsabilidad porque solo era una niña y tenía que jugar y divertirse como los demás niños de su edad.

A Amorina le daba igual, a ella le gustaba estar en su casa con sus tres hermanos, y en verano más aún, ya que salían al jardín de al lado, aprovechaban todo el terreno de la casa vecina que, como estaba vacía, podían estar; jugaban con la pelota, corrían y llevaban a cabo muchas de las historias que ella misma escribía, así como una obra de teatro al aire libre, eso la llenaba de felicidad.

Un día esa felicidad se vio un poco afectada, la casa de al lado se había vendido, y con ello, la posibilidad de seguir jugando en aquel precioso jardín con sus hermanos. Y aunque su madre le había dado esperanzas, corría el rumor por el barrio de que se mudaba una pareja de gente mayor que quizás no tuvieran hijos, y ellos podrían seguir disfrutando de aquel espacio para divertirse.

El rumor fue cierto a medias, si bien se mudaba una pareja, sí tenían una hija, y Amorina al enterarse estalló de la felicidad. Pensó: «¡Ahora podré tener una amiga!». Ella ya se imaginaba jugando con aquella niña y sus hermanos, en partidos de fútbol, a las escondidas, actuando en sus obras de teatro… Se le venían a la mente un sinfín de ideas y momentos que podían compartir todos juntos.

Al llegar los nuevos vecinos, ansiosos los cuatro hermanos (incluida la bebé), los esperaban en la puerta para saludarles y conocerlos, sobre todo a la tan esperada niña.

—Se llama Eda, y es invidente —anunció la madre de aquella niña nada más ver a Amorina y sus hermanos.

Los hermanos se miraron sin entender…

—Que es ciega —insistió la madre al ver las caras de los niños.

Eda pasó por su lado sin detenerse, como si no quisiera saber nada con estar allí. Pero los niños seguían sin entender por qué, a pesar de no ver, la niña no les hubiera saludado.

Amorina se sintió desilusionada, pero no perdió la esperanza, día sí y día también tocaba el timbre de su vecina y la invitaba a jugar, a charlar o a pasear pero no había manera, siempre en la puerta la madre de Eda le decía que su hija no quería salir a jugar ni ver a nadie, que no viniera más a buscarla.

Una tarde calurosa de verano, los hermanos, con Amorina a la cabeza, decidieron tocar el timbre de sus vecinos una vez más, y preguntarles si ya que Eda no quería salir a jugar, podían jugar ellos en su jardín, al menos, a mojarse un rato con la manguera. Y desde dentro se sintió un fuerte: «¡¡NOOOO!! ¡No quiero que vengan! ¡Mamá diles que se vayan!».

—No, no quiere —dijo la madre de Eda un tanto compungida.

—¿Puedo pasar a hablar con ella? —le preguntó tímidamente Amorina.

Algo dudosa la madre de Eda, accedió a aquella petición, con la condición de que solo pasara ella. Amorina, algo nerviosa, entró en aquella casa, la buscó y se presentó:

—Hola, ya sé que no me puedes ver, y no pasa nada. Yo soy Amorina, la vecina de aquí al lado, y tengo tres hermanos. Son muy buenos y un poco revoltosos. Hemos venido a buscarte muchas veces para jugar, porque nosotros jugábamos en tu jardín antes de que tú vinieras, pero si te molesta, ya no lo haremos más. Yo solo quería conocerte, estaba tan ilusionada con tu llegada…

Eda no hablaba, pero la escuchaba atenta. Y después de un largo silencio…

—Me voy, no te quiero molestar más —le dijo con ternura Amorina—. Eres muy guapa, ojalá te vieras. Igual estás enfadada por eso, pero yo te puedo ayudar si quieres, si algún día…

No pudo terminar la frase cuando Eda la interrumpió diciendo:

—Gracias, gracias por hablarme así, siempre me has tratado con amor, incluso sin conocerme, me has invitado a jugar contigo. Y yo, en vez de ser amable, me negué a que vinieras con tus hermanos a disfrutar de un jardín que tengo y no puedo disfrutar… —contestó algo consternada.

—¡Sí que puedes disfrutarlo!, ¡y mucho! —le dijo Amorina sonriendo—. Aún no conoces a mis hermanos, pero te reirás mucho con ellos; que no puedas ver, no quiere decir que no puedas pasártelo bien. Yo seré tus ojos, y te enseñaré a divertirte sin ver.

—Ojos de amor —dijo Eda y continuó—: Me gusta tu nombre, Amorina, tienes nombre de Amor y me enseñarás a ver a través de tus ojos si tú quieres.

—¡Eso! Seré tus ojos y te contaré lo maravillosa que es la vida, pero tienes que salir de aquí. Cuando te diga: «¡Ojos de Amor!», sabrás que tienes que mirar la vida con ojos de amor, no importa lo que te haya pasado y por qué no puedes ver, lo importante es que a partir de ahora el amor será todo lo que verás.

Qué amorosa y cuánto amor tenía Amorina para dar al mundo, por eso fue llamada así, y por eso esta historia termina con ella, porque todos los que la conocían sentían amor al verla, y no solo para Eda fue «ojos de amor».

OJOS DE AMOR se convirtió en las palabras mágicas que siempre repetirían todos cuando tuvieran que mirar al mundo con mucho amor.

BASTÓN DULCE

Llegaba la Navidad, la época más bonita y especial de todo el año. Las calles se vestían con luces, los árboles navideños adornaban las tiendas de regalos y las celebraciones se hacían presentes en todos los sitios.

La casa de Dámaso no era una excepción, a él le encantaba como a la mayoría de los niños sí, pero él además decía que era su festividad preferida, ni Halloween, ni los cumpleaños, ni siquiera el último día de clases. La Navidad era su día preferido, y lo vivían en familia, con una cena de Nochebuena esperando los regalos de Santa Claus o Papá Noel, depende como mande la tradición;

mucha alegría, comida y dulces para compartir con todos los allegados.

Este año, además de los regalos que se encontrarían debajo del árbol en casa de Dámaso, había un regalo extra que estaría por llegar también: la llegada de una hermanita bendeciría la Navidad de la familia.

Dámaso era un niño muy alegre y extrovertido, había compartido con sus padres desde el principio el crecimiento de la pequeña bebé en la panza de su madre, y estaban muy contentos esperando a ver la carita de la nueva integrante de la familia. Había participado además en la decoración de la habitación con garabatos en la pared incluidos, en la compra de las primeras galas que vestiría, y también en la elección de su nombre, por lo que ya la sentía como parte de todos.

Celina pesó dos kilos y ochocientos gramos, y nació el mismo día de Navidad, como el mejor de los regalos. Ese día la comida se mudó al hospital del barrio, y la gente se pasaba a saludar y a dar sus bendiciones con algún dulce y algún que otro presente. Los pasillos del hospital eran un ir y venir de abuelos, tíos, primos, amigos y conocidos que no se querían perder ese día tan especial, y darle la bienvenida a la ya más pequeña de la casa.

Dámaso también estaba en el hospital con su padre a ratos, y con familiares o amigos otros ratos, porque claro, su madre ya descansaba junto a su hermanita, a quien nada más conocer quiso tocar y abrazar. Pero le explicaron que lo hiciera suave porque aún era muy pequeña y debía tener cuidado. Eso ya no le gustó tanto... ¿Por qué tener cuidado si era su hermana? Aparte, todos estaban allí y la miraban y querían tocarla, ¿por qué él no?

Y además...¡cuántos regalos recibía Celina! ¡Y todos para ella! ¿Acaso se habían olvidado de él? Era Navidad, y eso ya no se parecía nada a la Navidad... Un desfile de personas que le tocaban los mofletes, besaban a su madre, le traían flores y no hacían más que hablar de lo preciosa que era la bebé…

Esto ya no le estaba gustando nada, Celina le robaba a su madre para Navidad, ya que apenas la había podido ver; su padre no hacía más que ir y venir, hablando con señores y señoras con batas blancas, y a él solo le ofrecían golosinas de un máquina expendedora….

Pero ¿qué había pasado con la Navidad? Celina se la había robado..., y eso que él había contribuido a adornar su habitación y había sido el encargado de elegir su primer juguete; le había hablado durante meses al bulto que tenía su madre en la barriga sin siquiera verle la cara, porque esa fotografía en blanco y negro que le habían dejado ver, eso no contaba como foto, allí no había quien viera nada... Y todo eso para que llegue así, casi sin avisar, y además le quitara su día preferido.

Esto no podía ser, hablaría con sus padres en cuanto toda esa gente se fuera, ya lo tenía pensado todo. A ver si la recién llegada iba a cambiar sus planes y los de su familia, que era su familia. Entraría en la habitación, sí, allí donde la bebé estaría demandando toda la atención de su madre, y les diría unas cuantas cosas...

Dámaso no alcanzó a decirle nada ni a su hermanita ni a sus padres, porque antes de levantarse de la silla del pasillo del hospital, una cara que él no conocía o no recordaba, le dijo;

—Toma, esto es para ti, un bastón dulce, porque hoy es Navidad.

¡Al fin, alguien se acordaba de que era Navidad! Y además le había dado un dulce, nada más y nada menos que un maravilloso BASTÓN DULCE rojo y blanco, de esos que casi no te los quieres comer de los bonitos que son. Y solo se lo había regalado a él, ni a Celina ni a su madre..

No terminó de decir gracias, cuando salió corriendo sin mirar atrás, entró en la habitación a abrazar a su madre muy feliz, y a contarle que había recibido un regalo por Navidad.

—Y dime qué te han regalado —le dijo su madre acariciándole el rostro.

—¡Un Bastón dulce!, ¡mira! —le respondió con alegría.

—BASTÓN DULCE —repitió la madre—. ¿Sabes que además de endulzarte a ti, endulza el hogar? Por eso también se ponen en el árbol de Navidad, aumentan el ánimo y la alegría, pero bueno, contigo y Celina ya estaremos servidos de alegría ¿no? Por cierto, en casa hay muchos más regalos para abrir, y me parece, por lo que me contaron, en muchos pone Dámaso… Y ahora, ¿quieres tener en brazos a tu hermanita?

Dámaso sintió que explotaba de la emoción, por fin podía estar con su mamá, su papá y con Celina, los cuatro en la habitación, y él con su hermana en brazos. Y más regalos esperándolo en casa, ahora eso ya sí se parecía más a Navidad... Y su bastón dulce —porque no se lo comió, no— esperó a llegar a casa y colgarlo del árbol, así como le había dicho su madre, para que nunca faltara la dulce energía en su casa. Viéndolo, recordaría esa Navidad tan bonita, diferente y nueva que había vivido y que le había traído el regalo más hermoso de todos, que no se parecía a ningún regalo que él hubiera podido pedir en las tiendas de juguetes. Era su hermana, quien había agrandado su familia y su BASTÓN DULCE.

COLIBRÍ

Aliwe era una niña que vivía en un bello rincón del mundo junto a su madre, su abuela, y su hermano Yaco. Ellos vivían alejados de las grandes ciudades y del ruido, su casa era parte de un poblado muy tranquilo, de un clima muy gustoso, aunque a veces algo húmedo. Ellos no conocían el frío ni la nieve, era algo que alguna vez habían visto en fotos o en paisajes pintados en cuadros; de hecho, especialmente a Yaco le intrigaba cómo sería la sensación de sentir frío en la piel, tocar la nieve, abrigarse…

Era entonces cuando su hermana Aliwe le decía que entonces no podría ver colibríes. A ella le encantaba la naturaleza que podía sentir y vivir allí en su casa, su mundo. Y además adoraba los colibríes, tenían en un jardín muchas plantas con flores naranjas y rojas brillantes, colores que llamaban mucho la atención de éstas maravillosas y pequeñas aves; entonces ella podía observarlos y deleitarse.

La vida de los hermanos transcurría diferente para ambos, Yaco solía irse temprano de la casa junto a su madre, mientras ella salía a trabajar, él iba a estudiar, y volvían por la noche. Aliwe mientras tanto se quedaba en casa cuidando de su abuela, pues estaba algo mayor ya para salir a caminar por el pueblo como solían hacer antes; tampoco podían ir al río a juntar piedras, ni a abrazar árboles como le había enseñado a hacer desde que Aliwe era muy pequeñita. Tampoco se quejaba, tenían bonitas charlas, pues la abuela le enseñaba muchas cosas, y ella entendía que, aunque le gustaría ir la escuela con otros niños, su lugar era junto a su abuela.

Un día, conversando las dos, hablaron de sus nombres, que tenían origen *mapuche.

—Aliwe quiere decir «Amanecer» —le dijo su abuela—, y tú eres mi amanecer, mi despertar. Tu madre te ha puesto un nombre que te representa.

—¿Y Eluney? ¿Qué quiere decir tu nombre, abuela?

—Mi nombre quiere decir «Regalo del cielo».

—¡Qué bonito! —respondió alegre Aliwe—. Y tú…, tú eres mi regalo del cielo.

La abuela Eluney no podía estar más feliz de tener a su nieta a su lado.

—¿Y Yaco?, ¿qué quiere decir Yaco?

—«Bolsa de cuero» —respondió la abuela con una sonrisa de lado.

—¡Bolsa de cuero! —Aliwe no podía dejar de reír—. ¡Cómo me voy a meter con él a partir de ahora! ¡Qué bueno, bolsa de cuero! —no dejaba de repetir.

Eran momentos de compartir, pero su momento preferido del día era cuando las dos iban al jardín al atardecer y esperaban al COLIBRÍ. Sí, era ÉL, el colibrí, porque a lo largo del día podían ver a otros, pero ese era el que cada tarde las visitaba, y con su aleteo infinito las deleitaba, hasta parecía que las saludaba al irse, ese sí que era un regalo, era como ver magia, tenía un color azulado y verde, precioso, inconfundible, definitivamente era su Colibrí.

Además, la abuela le había contado y explicado que los colibríes eran las únicas aves capaces de volar hacia atrás, que tenían poder de adaptación mediante sus acrobacias y su vuelo, y que cuando un colibrí se cruza en tu vida, esta se llena de amor, vitalidad y energía.

Aliwe fue creciendo y así sus ganas de conocer niños de su edad, de jugar, de aprender; ella adoraba pasar ratos con su abuela y cuidarla, pero cada vez se le hacía más difícil, ya que para su abuela también iba pasando el tiempo y necesitaba más ayuda de la que ella podía darle.

Un día, la mamá de Aliwe tuvo una charla con ella y le explicó que la abuela Eluney no podía seguir en la casa, porque era cierto que ya necesitaba de otros cuidados de gente adulta, y no de una niña.

Aliwe se entristeció por aquella noticia, aunque ella también quería cambiar. Ese cambio le causaba mucho dolor, era un cambio necesario, pero era su vida; ella quería mucho estar con su abuela, y aunque no lo hubiera querido así, llegó el día en que se llevaron a su abuela a la ciudad, a un sitio donde podrían atenderla y cuidarla.

El cambio fue para toda la familia, Yaco fue a conocer por fin la nieve y le gustó tanto que decidió quedarse a vivir allí. La mamá dejó de trabajar tantas horas, pues al no estar ya el hijo mayor, pudo dedicarse solo a la pequeña. Aliwe comenzó a ir al colegio con alegría, con incertidumbre, con todas la emociones nuevas que se tienen cuando uno empieza algo nuevo en la vida, y allí empezó a vivir experiencias, a conocer amigos, a una maestra que también le enseñó cosas que no sabía, y aprendió a andar un nuevo camino en su vida.

Pero no se olvidó de su vida anterior, ni de su abuela, ni del colibrí.

Cada atardecer se sentaba a esperar al colibrí, eso la hacía sentirse más cerca de su abuela; lo miraba y buscaba en su aleteo su saludo, la belleza del colibrí le recordaba todo lo bello que había vivido junto a su querida abuela.

El tiempo fue pasando, y un día al atardecer, junto a su colibrí vino otro; eran dos, este nuevo era inmensamente bello, con las alas púrpura y el cuello rosa, cuerpo tornasolado…

Su Colibrí habría encontrado a alguien para volar y compartir así como ella lo hacía con su abuela. Desde esa tarde volvieron a su jardín los dos colibríes juntos. Y Aliwe los observó y los disfrutó hasta que pudo, ellos siempre estarían en su alma. Eluney le había enseñado tantas cosas maravillosas de esta preciosa ave que cada vez que quisiera recordarla sería como recordarlos a ellos, a los mágicos colibríes.

«COLIBRÍ, COLIBRÍ, COLIBRÍ» fue el mantra mágico más poderoso que tuvo Aliwe en su vida, su regalo del cielo.

mapuche: relativo o perteneciente a una etnia nativa de Sudamérica.

YO SOY EL YO

Rita, Nélida y Petronila eran tres amigas que se conocían desde la guardería. Sus madres además las llevaban a jugar al mismo parque, con lo cual se hicieron inseparables desde siempre, y desde siempre fue un trío de esos que dan que hablar.

Daban que hablar porque no paraban de hacerlo ni quietas, eran traviesas y curiosas, sobre todo, cuando estaban las tres juntas, porque ya separadas cada una era diferente, como todos, seres únicos. Rita era la mayor del grupo, no solo porque presumía de serlo, sino porque se definía como la más responsable de las tres, la que ponía un poco de cordura a sus travesuras cuando pensaba que habían llegado demasiado lejos, y porque a veces se cansaba un poco de tanto juego; ella prefería estar en casa jugando a juegos de mesa o patinando con su hermana.

Nélida era un torbellino, parecía que tenía hormigas en el cuerpo, porque no paraba quieta y siempre tenía alguna ocurrencia, alguna más descabellada que otra, pero siempre proponiendo cosas ocurrentes y divertidas al grupo.

Y Petronila, «Petro», como la llamaban cuando se enojaban, porque claro que ella prefería que la llamaran Petra, no solo porque le recordaba a la capital de Jordania, sino que como le gustaba tanto la historia y soñaba con viajar algún día por todo el mundo, le hacía gracia llamarse así; a ella le encanta leer y escribir, sobre todo, escribir, y era una apasionada de los libros.

«Las trillizas de oro» les llamaban el resto de compañeros del colegio, porque siempre iban juntas a todas partes, y aunque se peleaban como todos los amigos del mundo, siempre arreglaban sus diferencias y volvían a ser amigas.

Había un solo motivo que las hacía enfadar mucho, sobre todo, a Rita y a Nélida con Petronila, y ese motivo era Telmo.

Telmo era un niño de su clase, lo conocían también desde la guardería y el parque, él era más bien solitario y callado, no tenía muchos amigos, y siempre llevaba consigo algún juguete de su casa. Solía llevar un avión, o un camión de bomberos, a veces un álbum de cromos o algún peluche.

Petronila defendía a Telmo de las habladurías populares, y más cuando sus dos amigas solían criticar su actitud poco amistosa y solitaria.

—Pero si a ti también te gusta estar sola a veces, Rita, no sé porque lo criticas —le había llegado a decir Petronila.

—A veces, como bien dices, no siempre —le respondía Rita.

—Y tú, Neli, deja de esconderle los juguetes que trae, que ya te vale —le había llegado a reprochar…

—¡Ay, Petro!, deja de defenderlo y vete a dar consejos a otra parte —le había respondido la amiga con ironía.

Un día, Telmo llevó al colegio un Atlas tan viejo y grande que todos se rieron de él, incluidas Rita y Nélida. Y además habían llegado más lejos, no solo le habían quitado el Atlas de las manos a

Telmo, sino que habían empezado a jugar con él y a tirárselo entre ellas.

Petronila no se sentía identificada con aquella burla popular, de hecho, no le hacía ninguna gracia, y decidió planteárselo a sus amigas. Le extrañaba que Rita, siendo tan madura como pregonaba, hubiera caído en esa idea tan macabra de Neli.

—¡Ay, Petro!... ¡Que es una broma! No te lo tomes así, que te enfadas más que Telmo que no dice nada —le había dicho Nélida.

—Además... —continuó Rita—, ¿estás con nosotras o no? Eres nuestra amiga, ¿no? Pues es lo que hacemos, deberías unirte a nosotras como siempre…

—¡No!, que no soy Petro, soy Petra, así me gusta que me llamen, y si Telmo no dice nada, es porque quizá no sabe cómo hacerlo, pero eso no quiere decir que no le duela o no le moleste lo que le están haciendo. Y sí, soy vuestra amiga, pero no soy parte de esto. Soy YO, yo soy YO, y no quiero hacerle eso a nadie porque no me gustaría que me lo hicieran a mí ni a ninguna de vosotras, ni tampoco a Telmo —concluyó Petronila ante la atónita mirada de las amigas.

—¿Yo soy Yo?, ¿qué quieres decir con eso?—replicó Nélida, mirando a Rita

—Neli, quiere decir que ella es ella, y cada uno es una persona diferente que piensa y siente diferente —le contestó Rita y añadió—: Igual tiene razón, estamos acostumbradas a decidir todo las tres juntas, y quizás no siempre estamos de acuerdo porque somos distintas. Petra nos ha dado una buena lección, y vamos a disculparnos con Telmo, que tampoco eso hemos hecho bien.

—¡Vamos! —dijeron ambas a dúo.

Ese día aprendieron a no burlarse de quien fuera diferente y a no obligar a que piensen igual a ellas en todo, dos lecciones muy valiosas a través de la amistad.

Y así juntas pero con decisiones separadas, fue como estas tres amigas emprendieron su amistad desde ese día, recordando la frase que Petronila dijo: «Yo soy Yo».

Fueron de esas amistades que duran para siempre, cada una con sus cosas y su vida... Rita fue una gran profesora de Ajedrez y su *hobby* siguió siendo el patinaje.

Nélida se dedicó al mundo del espectáculo, fue una gran actriz y bailarina.

Y Petronila (conocida mundialmente como Petra) fue una gran escritora y su primer *Best Seller* se tituló: *YO SOY EL YO* (dedicado a sus amigas de la infancia)

Pd: Telmo se dedicó a la Psicología y fue el Terapeuta de las tres amigas (por separado).

FLOR DE LIS

Hace mucho mucho tiempo, vivió en un país lejano Elisabeth, una niña que tuvo que vivir de cerca, muy de cerca, una guerra.

Las guerras podrían no existir y el mundo sería un mejor lugar para vivir, pero mientras seguimos luchando por la paz (primero por nuestra paz interior) nos toca convivir con estos conflictos tan horribles, como la lucha de intereses, que no entendemos ni queremos entender, ya que una vida humana valdrá siempre más que cualquier suelo por el que se luche, cualquier bandera o cualquier razón.

Así pensaba y sentía Lis (ese era el apodo de Elisabeth, que su hermano mayor le había puesto desde muy pequeña), no entendía por qué había que huir, esconderse, defenderse; nada de lo que ocurría a su alrededor tenía sentido...

Lamentablemente para Lis y mucho niños que tenían que vivirla en carne propia juntos a sus familias, el tener que marcharse lejos de casa, si bien era una solución para salir de aquel horror, también lo era dejar atrás todo con lo que habían crecido, no solo las personas, sino los lugares, su casa. La tristeza que sentía Lis no era solo por abandonarla, sino por dejar allí parte de ella, su padre, su hermano, que allí vivirían esa lucha que no habían pedido pero que sí les tocaba atravesar.

Un día, uno que tuvo que llegar pero que le hubiese gustado no vivir, su madre y ella abandonaron su país en busca de refugio junto a miles de personas que no solo buscaban salir, sino comida y, sobre todo, paz.

Las despedidas son tristes en cualquier circunstancias, cuando uno se va de viaje por vacaciones, o por trabajo, y aunque sabemos que veremos pronto a quien despedimos, suele dolernos un poquito dentro. Pero cuando sabemos que tardaremos más en ver a esa persona que tanto amamos, incluso no queremos despedirla, pues parece que duele más, mucho más…

Antes de marcharse con profunda tristeza y con un abrazo interminable, le regaló a su hermano una flor, una bella flor de hojas largas y delgadas, un lirio blanco.

—¿De dónde has sacado esta flor, Lis? —le dijo su hermano con una sonrisa algo forzada…

—La encontré para ti… Es el símbolo de la luz que hay en ti, y en todos los que se quedan; nuestro nuevo hogar que nacerá a través de esto que estamos viviendo. Aquí empieza tu paz, nuestra paz… —le respondió Lis.

Las palabras en Lis parecían emerger sin cesar, y continuó:

—Yo pongo esta flor sobre esta situación para borrar así todo lo que pase. Toma, tenla contigo, no me olvides —le dijo entre lágrimas—. Y no olvides que esta flor será poderosa porque cada vez que piense en ella será como pensar en paz.

—Gracias, Lis —dijo volviendo a abrazarla—. Será tu flor siempre, y no solo para mí, me encargare de llevar este mensaje a todos lo que nos toca vivir esta guerra, y no solo en esta que nos toca vivir a nosotros, sino en cada momento de conflicto que nos toque vivir a la humanidad, siempre podamos poner tu flor, una flor de Lis para que todo mejore, para que nos traiga paz a nuestros corazones, y así podamos expandirla a quienes originan tanto dolor.

Así nació FLOR DE LIS en el mundo, así nació esta poderosa herramienta de poner la flor de lis en una situación de conflicto, y se ha expandido por el mundo entero, porque lamentablemente la guerra que le tocó vivir a Lis no fue la última.

Flor de lis es un símbolo que podemos usar para lo que nos preocupe, y que desde nuestro ser podamos transmitir amor, ese amor que un día Lis le transmitió a su hermano el día que se despidieron, ese mismo amor que nos mueve como personas, y no para atacarnos y para pelear por un trozo de tierra, sino para unirnos y luchar pero por la paz, para alcanzarla, para tenerla, para recordar que es lo más importante que podemos tener.

TAZÓN DE CHOCOLATE

Alessandro era un niño rebelde. «Rebelde» lo llamaban y así se definía… ¿Por qué? Porque no le gustaba ir con su padre a la montaña a por leña; por ser hijo único y único ayudante de su padre, le había tocado según él, la peor parte: acompañarlo a recoger y a repartir leña por el pueblo…

A ver…, cuando era más pequeño le gustaba, pero ya no, había cambiado de opinión, lo cual a él no le parecía tan grave, pero sus padres insistían que una vez que le gustara hacer una cosa, debía ser más constante y no tan rebelde.

La verdad es que Alessandro no tenía nada planeado, no le gustaba planificar su futuro, vivía al día, en el presente, aquí y ahora. A él le gustaban muchas cosas; la pesca, por ejemplo, le relajaba mucho, pero no se lo había planteado como algo a lo que dedicarse en un futuro, y tampoco le quería decir a sus padres lo que le gustaba, porque ellos, si a él se le daba bien la pesca, ya le buscaban la profesión de pescador. Si se iba mucho a ver a los caballos y a los animales, pues veterinario, y si alguna vez le había dado por ir al aeródromo del pueblo, pues piloto.

«Que manía tienen mis padres de buscarme una profesión tan pronto. Ya la elegiré yo llegado el momento, o no», pensaba. Pero claro, esto era muy difícil de hacérselo entender a sus padres que querían que ya lo tuviese más claro.

Una tarde de otoño de recolección de leña, en lo alto de la montaña, con los primeros fríos ya casi llegando el invierno, su padre lo invitó a una pequeña cabaña a descansar, pues el trabajo había sido duro y empezaba a refrescar en el bosque, así que apetecía tomar algo caliente.

La cabaña era de una familia que vivía allí apartada, y daba bebida y comida a los turistas que practicaban senderismo, y a caminantes lugareños. Alessandro no había ido mucho por allí, ya que su padre prefería ir montaña abajo a la hora de cenar o merendar, pero esa tarde el frío los invitó a quedarse allí.

¡Qué grata sorpresa encontrarse un lugar tan acogedor y calentito! Nada más sentarse, Alessandro le pidió a la señora que les ofreció servicio, un tazón de chocolate ¡caliente! Y su padre, al oírlo, se le antojó otro.

—Así que serán dos —dijo con ganas y una sonrisa impaciente.

—¡Marchando dos tazones de chocolate! —dijo la señora con una amplia sonrisa y agregando—: Los hace mi hija, y no es porque sea ella, pero es que será el mejor tazón de chocolate que hayan probado, es delicioso.

Y no mentía…. Alessandro creyó desmayarse de la felicidad al probarlo... ¿Quién habría sido la artesana? ¡Quería conocerla ya!

—¡Sophie! —gritó aquella señora hacia la cocina—. ¡Aquí quieren conocerte, así que ven! Que unos clientes se han deleitado con tu chocolate.

Tímidamente salió de una puerta enorme de madera, una niña casi de la edad de Alessandro, que acabaría de empezar la secundaria como él, en edad de ayudar pero no de trabajar aún, y se dirigió hacia la mesa donde estaba el padre y su hijo.

—Asi que eres tú la que has hecho este tazón de chocolate tan rico —le dijo el padre de Alessandro a aquella niña—. ¡Deberías dedicarte a esto! —sentenció.

«Otra vez... ¡Qué manía de querer buscarle una profesión a una afición!», pensó Alessandro.

—Sí, señor, me gusta cocinar, y más hacer chocolate, pero no sé aún a lo que me voy a dedicar. Antes me gustaba tejer, pero luego me dejó de gustar —respondió Sophie.

«¡Bien dicho!», pensó otra vez Alessandro, sonriendo a Sophie, y se vio reflejado en aquella respuesta.

Cuando se fueron de aquella cabaña, Alessandro tuvo la certeza de que volvería ver a Sophie y tomar un tazón de chocolate; y así fue, Alessandro volvió a la cabaña muchas veces, y cada vez pedía un tazón de chocolate, no solo porque le gustaba, sino porque el día que Sophie ya no hiciera más chocolate porque no le apeteciera, o porque ya no le gustara hacerlo, sentiría a través de ella que no pasa nada porque te deje de gustar una cosa y luego te guste hacer otra, simplemente habría encontrado algo diferente que la haría feliz, pero el tazón de chocolate para él era el símbolo de que las cosas que te gustan se hacen desde el corazón hasta que así se sienta.

Alessandro y Sophie se hicieron amigos, compartían historias y aficiones… Hablaban de lo que querían ellos y de lo que querían sus padres para ellos, que muchas veces no era lo mismo. Hablaban de los que les gustaba hacer y de lo que ya no. Sophie le había llegado a confesar que a veces ella también sentía la presión de elegir qué tendría o debería hacer y qué sería mejor para ella y para sus padres, pero que muchas veces cambiaba de parecer. Pero a ellos no les sorprendía cambiar de opinión, sentían que crecían juntos, y siempre recordaban con gracia la primera anécdota del padre de Alessandro, en la que como a Sophie se le daba bien hacer chocolate, se tenía que dedicar a eso....

—¿Y tú ya sabes qué vas a hacer? —dijo un día Alessandro en broma.

—TAZÓN DE CHOCOLATE —fue la respuesta de ambos entre risas, y la risa fue simultánea porque los dos entendían el significado que tenía para los ellos. Cada vez que pensaran qué querían hacer, o cambiar aquello que les gustaba y elegir con el corazón… recordarían un mantra dulce, calentito y con sabor a amistad, eso les daría la libertad de elegir siempre ¡cada vez!

MARIPOSAS

Valkiria iba a la escuela primaria en la que trabajaba su madre, que era maestra allí desde hacía muchos años, incluso antes de que naciera Valkiria. Era la escuela del pueblo, enclavada a la ladera de la montaña, un sitio con preciosas vistas en cualquier época del año, rodeado de vegetación y colores. A madre e hija les gustaba mucho acudir juntas cada mañana a tan bello lugar, que aunque era algo obligatorio para ambas, también pasaban muchas horas del día, así que se lo tomaban con alegría.

La madre de Valkiria no era la maestra de la clase de ella, si bien le hubiera tocado serlo, pero prefirieron hablar con la directora del centro educativo y que lo fuera de la otra clase para no sentirse incómodas, y que nadie se sintiera raro ni viera privilegios donde no los habría, porque si bien estaban muy unidas, cada una sabía que el colegio no era la casa, y se debían tratar sin tanta confianza.

Las amigas de Valkiria siempre bromeaban con que ella tenía ventaja muchas veces por ser la hija de…, cosa que no era cierto, ya que todo el profesorado trataba de igual manera a todos los niños de la escuela. Los que no la trataban igual eran unos cuantos compañeros de su clase que muchas veces se pasaban un poco con las bromas acerca del parentesco escolar.

Un día como cualquier otro, Valkiria, sentada en el primer pupitre de clase, notó a sus espaldas como se reían varios niños, y aunque no sabía el motivo por el cual todos festejaban la gracia, decidió girarse y preguntar, pero la respuesta fueron más risas y ninguna explicación en concreto.

La broma se extendió por días, parece que mientras la maestra salía a coger tizas o a hacer alguna gestión, los alumnos reían señalando, ya sí, la cabeza de Valkiria.

«¿Que tengo en la cabeza?», pensó ya molesta e intrigada...

—Mariposas... —sintió una voz a su lado que parecía haberle leído la mente o escuchar su pregunta —era la voz de Lars, su tímido compañero de banco con el que había cruzado alguna palabra rara vez, quizás para hacer un trabajo en grupo, pero poco más.

—¿Qué? —dijo confundida Valkiria mirando a Lars—. ¿Qué has dicho?

—Mariposas —volvió a repetir el niño, esta vez susurrando.

«Mariposas..», la palabra quedó bailando en la cabeza de Valkiria sin entender nada.

Esa tarde volvió a casa, molesta, pero su madre apenas lo notó, caminaban de regreso a casa por el mismo sendero, que al acercarse la primavera, ya brotaba en forma de preciosas flores que las acompañaban en su trayecto.

Los días fueron pasando, y la broma, esa que les causaba tanta gracia a sus compañeros de clase y que parecía no tener fin, la tenía un tanto enfadada, y ya les había llegado a preguntar a sus amigas acerca de lo que tanto se reían, pero estas extrañamente miraban hacia otro lado, o cambiaban de tema sin prestarle atención a su pregunta.

Ni los profesores, ni la directora, ni siquiera su madre se habían enterado, ya que parecía ser la típica cosa de niños que pasa en la clase cuando un adulto no está. Tampoco lo quería comentar con ninguno, ni con su madre a la que no quería molestar por tal cosa. Pero estaba ya más que intrigada, ¿de qué se reían aquellos niños a sus espaldas? Además, había empezado a notar que le miraban su cabeza y su pelo… ¿Qué tenía su pelo, además de ser negro, liso, y largo hasta casi llegar a su cintura?

Cierto es que su madre se negaba a cortarle el pelo, decía que lo tenía muy bonito así, pero la verdad es que a Valkiria le daba mucha pereza peinarlo, y como su madre estaba siempre ocupada con la casa y la escuela, tampoco le echaba cuentas a su pelo…

«¿Estaré despeinada? Siempre salgo como una loca de casa y no me peino, ¿será eso?», pensó resignada. Pero al no estar del todo conforme con esa conclusión, decidió volver a preguntar a su casi invisible compañero Lars.

—¡Hola, Lars! —increpó a su compañero, algo exaltada—. ¿Tú sabes por qué se ríen y me miran la cabeza?

—Mariposas —le respondió Lars, apenas sonriendo tímidamente.

—¿Por qué dices otra vez eso? —se molestó ya Valkiria.

En ese momento sus amigas, que estaban cerca de la conversación de los niños, escuchando sin hablar, se acercaron y dijeron a Valkiria:

—Es que tienes piojos… —y continuaron—: ¿Sabes? Por eso se ríen de ti… Valkiria tragó saliva y se fue al baño a llorar.

Tenía piojos, qué vergüenza sentía. Tenía amigas que, sabiéndolo, se lo habían ocultado. Tenía una madre que tampoco se había dado cuenta y la había hecho pasar por eso. Tenía compañeros de clase que solo eran capaces de burlarse. Tenía infinidad de pensamientos que solo la abrumaban y no sabía qué hacer…

Tenía MARIPOSAS…

Eso le había dicho Lars, que tenía mariposas…, como las que veía aletear de flor en flor por los senderos que la llevaban a casa, como las que se posaban en la humedad del césped verde... Mariposas.

A Valkiria le costó mucho contarle a su mamá lo sucedido, aunque estuvieran unidas, su madre trabajara en su escuela, y cada día compartieran no solo el camino, sino la casa en la que vivían, ella no quería molestar ni preocupar a su madre, pensaba que si se peinaba mucho mucho el pelo, los piojos se irían y dejarían de reírse de ella.

Un día, de tanto peinarse, los piojos se fueron, se los llevó algún viento junto con la mariposas.

Las mariposas, las que vio Lars y las que Valkiria recordó cada vez que una sensación como la que sintió en la escuela, cuando descubrió que cada uno ve lo que sus ojos reflejan de su propia alma, donde algunos ven piojos, otros ven mariposas.

MARIPOSAS, las del lugar que la vio crecer y aprender. MARIPOSAS, que con su ser transforman un momento. MARIPOSAS, que vuelan a tus ojos siempre que las quieras ver.

ARÁNDANOS

Ennio era un niño muy unido a su familia, si bien se sentía muy libre, tenía una inmensa devoción por ella y sus antepasados. Vivía en un pequeño pueblo con su madre, los dos solos, aunque con muchos tíos y primos cerca, con los que había crecido y con quien además de compartir juegos y reuniones, era él a quien le gustaba unir a todos.

La abuela, que vivía en el bosque más cercano al pueblo, había quedado viuda, pero estaba ya muy acostumbrada a vivir en aquel bosque, y si bien sus hijos y nietos habían intentado sacarla de allí para que estuviera más cerca de todos, ella insistía en que estar en el bosque la seguía conectando con la naturaleza y con su mundo, y que ya no se iría de allí.

Si bien la familia quería mucho a la abuela, todos estaban bastante ocupados en su trabajos, estudios y demás, como para ir muy seguido a verla.

Los nietos que más se acercaban a visitarla eran Ennio y su prima Fiorella, eran los más mayores y los encargados de acercarle su medicación, alimentos y lo que la abuela pidiera que le trajeran del pueblo, que no era mucho realmente, ya que ella decía que con lo que el bosque la proveía ya tenía suficiente. Lo cierto es que también les gustaba pasar ratos allí, rodeados de aquellos árboles tan altos y «viejos» como les llamaba Fiorella, haciendo que Ennio se enfadara porque no le gustaba que llamara así a tan grandiosos y majestuosos árboles. Además, tenían en la casa una habitación de uso exclusivo para los nietos, donde podían estudiar, jugar o simplemente quedarse a pasar el rato. La calma era absoluta en ese rincón del bosque. A Ennio no le extrañaba nada que su abuela fuera feliz allí, él también lo era, y disfrutaba mucho de esa paz.

Una tarde lluviosa decidió ir allí a estudiar un examen, y pensó que era el sitio ideal para estar tranquilo, y además, ¿por qué no disfrutar del olor a hierba mojada y de la compañía de su abuela? Pero nada más llegar no la vio bien, pensó que era el día, tal vez la humedad, y decidió avisar a su madre y pasar la noche con ella. Al día siguiente se dio cuenta de que no era la humedad ni la lluvia, su abuela estaba triste y necesitaba ayuda.

Acongojado por ver a su abuela así, esa misma mañana se lo explicó a su madre, que era la hija de su abuela y sabría mejor que él cómo ayudarla. Y sí que lo sabía... ARÁNDANOS.

—Tienes que llevarle arándanos —dijo la madre a Ennio y añadió—: Coge una cesta y en el bosque busca arándanos para tu abuela.

—¿Arándanos? ¿ Y con una cesta como Caperucita Roja? —respondió irónico a su madre.

—Sí, pero vigila al lobo —le contestó su madre con una mueca de gracia.

—¿Arándanos? ¿Y por qué Arándanos? —volvió a preguntar intrigado.

—Porque cuando el abuelo vivía, buscaba arándanos silvestres en el bosque y se los llevaba a la abuela, y ella hacía zumos, pasteles, salsas… El abuelo decía que los arándanos protegían a las personas del corazón, con lo cual, si veía que la abuela estaba triste, le traía arándanos y funcionaba, porque ella se ponía muy pero muy contenta, era como magia.

—¿Y cómo no sabía yo eso? —le reprochó Ennio a su madre, mientras ella se reía y le decía:

—Porque era una palabra mágica de tus abuelos, ahora ya la sabes. Si tu abuela dice: ARÁNDANOS, ya sabes... Ella ya se empieza a sentir bien cuando lo dice, así que prueba, e igual cuando algún día quieras sentirte muy bien, la repites y quién sabe...

...«ARÁNDANOS...», se quedó pensando, mientras corría a por una cesta y a buscar a su prima Fiorella para contarle tan tamaño descubrimiento.

Pero no solo fueron ellos dos, se sumó toda la familia, los primos más pequeños, su madre y sus tíos; todos esa tarde recogieron frutos del bosque para llevar a la abuela y compartir juntos. Bromeaban y jugaban a ver quién juntaría más cantidad y qué postre podrían hacer. El primero en llegar cargado a la casa del bosque fue Ennio, que sin tocar la puerta, llegó, y al verse los dos frente a frente, repitieron al unísono: «ARÁNDANOS», y se fundieron en un abrazo.

Y empezaron a expandir la magia, que no solo procedía de los arándanos, sino de la familia, del amor y de la alegría en el corazón de todos.

PÍLDORAS DEL SILENCIO

Lucien y Jacqueline eran compañeros de deporte, a veces eran pareja de juego, y a veces, contrincantes. Jugaban al tenis desde bien pequeños, bueno, en realidad Lucien casi desde la panza de su madre, ya que era una tenista profesional y amante de ese deporte, con lo cual, ver y sentirlo desde casa hizo que Lucien cogiera antes una raqueta que un juguete.

A Jacqueline la habían apuntado después de mucho insistir ella, ya que lo había intentado con otras disciplinas, y al fin se había decidido por la que más le gustaba: el tenis.

Jugaban juntos y se divertían ganando al resto, y también cuando les tocaba enfrentarse se lo tomaban muy en serio, aunque luego lo festejaban comiendo caramelos, unas pastillas de colores muy divertidas con forma de pelotas de tenis, las favoritos de ambos, que solían ser el premio de final de juego y que eran la celebración del grupo.

Tenían casi la misma edad, y aunque no iban al mismo curso, su pasión por el deporte, y más en concreto por el tenis, los había unido. No tenían mucho más en común, pero los dos destacaban del resto de sus compañeros por su constante capacidad de aprendizaje y superación, y estaban siempre dispuestos a ayudar al profesor, llegaban a la clase antes, se iban los últimos, eran los alumnos más aplicados y competitivos también.

Al menos hasta la llegada de Mathis.

Mathis era «el nuevo» y había llegado para cambiarlo todo.

—¿Y este niño tan repelente quién es? —había llegado a espetar Lucien nada más conocerlo…

—Pues a mí me cae bien… —le había respondido Jacqueline.

—¡Pero si no lo conoces! —Lucien ya se había empezado a enfadar.

—¡Ni tú tampoco! Asi que no lo juzgues —sentenció segura Jacqueline.

—Ya…, claro. ¿Y también dirás que no quiere caramelos de premio?, ya vi como los miraba desesperado… —se terminó de quejar Lucien.

Jacqueline lo miraba y negaba con la cabeza, no podía creer que su compañero fuera tan competitivo.

La verdad era que Mathis no se había dado mucho a conocer, se limitaba a saludar al profesor, y muy tímidamente a sus compañeros después de muchas miradas de ellos, pero tampoco se metía en nada ni con nadie.

Si bien todos los niños eran muy revoltosos a la hora de jugar, se portaban muy bien, incluidos Lucien y Jacqueline, que aunque se tomaban muy en serio el deporte, eran la «parejita feliz», como le llamaban sus compañeros en tono de broma, cosa que a ellos les molestaba mucho, pues hacía sonrojar a Jacqueline y enfadar mucho a Lucien.

Mathis también era del equipo de «ellos», de los aplicados al deporte, es decir, involucrado en las lecciones del profesor y, por qué no decirlo, muy bueno jugando también, algo que ponía muy celoso a Lucien y ya se le empezaba a notar.

El torneo de final de curso era el preferido de todos porque se jugaba en pareja con otros clubes muy importantes y el premio era un supertrofeo, del cual ostentaban Lucien y Jacqueline, de varios años anteriores y consecutivos tras proclamarse campeones.

Pero este año, no sé si porque Lucien estaba más distraído compitiendo con su nuevo compañero, o porque el profesor quería darle una oportunidad al nuevo alumno, y así también intercambiar otras parejas de juego, decidió que Mathis podría hacer un buen juego con Jacqueline.

—¿Quééé? Esto no puede ser, yo soy el compañero de juego de ella, nosotros jugamos siempre juntos, yo soy mejor que él. Además, este nuevo qué se ha creído, si no sabe nada y... y... y... —Lucien no pudo continuar de despotricar, ya que Jacqueline lo interrumpió abruptamente con una pastilla de esas que les daba el profesor.

—Toma, cómete un caramelo —le dijo casi poniéndoselo en la boca a su compañero—. «PÍLDORAS DEL SILENCIO», las llama mi abuela cada vez que me paso hablando de más y diciendo cosas que pueden lastimar u ofender a alguien. Mathis no te ha hecho nada para que le hables así.

El profesor, que estaba cerca escuchando todo, repitió sonriendo:

—¡Píldoras del silencio!, qué bueno lo de tu abuela —dijo mirando a Jacqueline—. Lo usaremos de ahora en adelante cuando nos tengamos que llamar al silencio, porque a veces es cierto que, haciendo silencio, nos escuchamos mejor a nosotros mismos, y quizás no decimos las cosas que tenemos pensado decir, pues no siempre son buenas para que las oigamos todos.

Lucien, quien seguía chupando la «píldora del silencio» (el caramelo) no decía nada, como si de verdad esa pastilla lo hubiera callado o hubiese callado su rabia.

Jacqueline, que además de ser muy buena jugadora de tenis era también una buena consejera, propuso:

—¿Y por qué no hacen pareja Lucien y Mathis? Los dos contra mi —dijo sonriendo—, y así practicamos todos antes del gran torneo. Y ya luego... vemos...

—¡Hecho! —respondió Lucien ya mordiendo el caramelo.

—Me parece bien —dijo Mathis extendiendo la mano hacia Lucien, en un gesto de acercamiento deportivo y de compañerismo.

—¡Pues a jugar todo el mundo! —exclamó el profesor dando palmas—. Y recordad la lección aprendida de hoy: «¡Píldoras del silencio!» —dijo entre risas mirando a todos.

Lucien y Mathis se convirtieron no solo en un gran equipo de juego, sino en grandes amigos. Lucien aprendió a no juzgar sin conocer a la gente, y a no decir cosas basadas en apreciaciones por desconocimiento, rabia y celos. Le dio una oportunidad a Mathis y fortaleció su amistad con Jacqueline, bromeando con los caramelos y su lección más valiosa: «Las píldoras del silencio».

A veces, el callar y escucharnos antes a nosotros mismos e identificar cómo podemos herir con palabras a alguien, nos hace reflexionar sobre lo que pensamos decir, y cambiarlo por alguna palabra mágica siempre da buen resultado.

COLOR BLANCO

Esta es la historia de Sushmita, una preciosa niña oriunda de un país del sur de Asia, que vivía en un sitio con pocos recursos económicos, un sitio muy bello pero con muchas carencias, y aunque eso era todo lo que ella había visto y vivido en esta vida, en su interior siempre soñaba con irse de allí, porque sentía que existía un lugar donde sería muy feliz.

Sushmita era muy soñadora, ella sentía que si cerraba los ojos, podía volar; rodeada de alas blancas, atravesaba el Océano Índico, y allí se quedaba un rato aleteando en el cielo, acompañada de nubes blancas que le sabían a espuma con olor a jabón. Sus alas la llevaban donde quisiera ir, hasta que de algún susto, alguien la traía de regreso a la realidad; entonces abría los ojos y suspiraba pero no se desanimaba, solo tenía que volver a cerrar los ojos para volver a volar.

La familia de Sushmita era grande, pero no siempre estaban juntos; a muchos de hecho no los veía a menudo, tenía hermanos que se habían ido a trabajar lejos junto a su padre, al que también veía muy poco; su madre trabajaba también fuera de casa en algo que no le debía gustar mucho, porque siempre estaba como gris, así como los días que no salía el sol; llegaba muy cansada, y el poco tiempo que tenía se lo dedicaba a sus hermanos más pequeños, que apenas andaban, así que ella optaba por no pedir ni molestar mucho, no quería enfadar a nadie. Siempre había visto a los adultos como muy serios y tristes, preocupados o distantes, no sabía bien por qué pero le gustaba fantasear e imaginarlos como lo hacía con ella misma, de color blanco, y así sentía que estarían mejor.

Con alas blancas como angelitos y felices, volando junto a ella sobre el turquesa mar, revoloteando por las nubes y bajando por las palmeras como los zorros voladores, pero en versión blanca, eso le resultaba divertido... ¡Ay, si no fuera por su imaginación!

Penaba que su vida era como la de muchos niños; ella no quería quejarse de su familia porque sabía también que lo hacían lo mejor que podían, quizás era eso lo que podía recibir, y aunque ella tuviera mucho para dar, no reprochaba ni se enojaba, pues ya había demasiada gente enojada por ahí; y además su vecina, quien muchas veces la cuidaba, le había dicho una vez que no valía la pena enfadarse y que tenía que aceptar que su vida era eso, lo que había visto y lo que vería una vez creciera, era esa su realidad, y que así sería su vida…

A Sushmita eso no le gustaba, de hecho, cada vez que lo oía, veía cómo su cara se iba transformado en gris como las que ella conocía; su vecina también tenía la cara casi gris, y ella no quería ser gris, a ella le gustaba el color blanco, el blanco le daba paz, y la hacía sonreír aunque no supiera bien por qué, quizás sería porque era el color que tenían sus alas cuando cerraba los ojos y por fin podía ver el mar…

Un día, sentada en el umbral de su casa viendo pasar a la gente, sintió que ella no quería trabajar en algo que no le gustara, como le pasaba a su madre, ni quería estar lejos de su familia como lo estaba su padre, ni quería estar amargada como la vecina… No sabía qué quería, pero sabía que el color blanco la sacaría de allí. Sabía que no quería ser gris, y que siendo feliz no lo sería, y podría contagiar de blanco a todos los seres que amaba, a sus hermanos, a sus amigos, a todos los que conocía.

Sushmita creció y nadie pudo cortar sus blancas alas, voló y atravesó el mar, pero no solo en su imaginación, lo hizo con intención y certeza, lo hizo con amor, con el amor que su familia le dio y que ella valoró para convertirse en quien quiso ser.

Su familia siempre supo que ella era de color blanco, no por su piel ni por su ropa, sino por su forma de irradiar ese color en sus vidas, y enseñarles que no solo podía volar a través de los sueños, sino atreviéndose a ser ella misma, más allá de su entorno, de lo que era su vida, pudo y fue capaz de pintarla de COLOR BLANCO.

Se dice que con los años, en el pueblo de Sushmita, cada vez que alguien quería ser él mismo y atreverse a volar y a soñar, repetían la frase «COLOR BLANCO», evocando la magia que ella dejó.

AMIGOS

Amigo que estás ahí y me ayudas.
Amigo que no pide y da.
Amigo que haces magia con tus palabras.
He conocido a un amigo que su
compañía era especial.
He conocido a un amigo que su risa
llamaba a la mía.
He conocido a un amigo que se fue lejos, pero
nunca se fue del todo.
Cuantos amigos en la vida…
Cuantos tuve, cuantos tengo, cuantos tendré…
Amigos que no recuerdo apenas
Amigos que recordaré toda la vida

Amigos...

No hay mejores ni peores.

Solo son diferentes.

Solo son únicos y valiosos.

Solo hacen magia de distinta forma.

Algunos con su alegría.

Algunos con su paciencia.

Algunos con sus palabras.

Amigo que estás ahí, no te vayas.

Amigo que te has ido, estás en mi corazón.

Amigo que estás en mi corazón,

será para siempre.

SER O TENER

Recuerdo que cuando era pequeña, mi padre siempre nos decía a mis hermanos y a mí:

—¿Qué es más importante: Ser o Tener?

Era una pregunta de esas recurrentes que siempre hacía, sobre todo, cuando le pedíamos algo, y hablábamos de comprar cosas, o de lo que nos gustaría tener…

Recuerdo también quedarme en silencio, mirando los grandes ojos de mi padre, y de reojo a mis hermanos, a ver qué decían; el que primero respondía era mi hermano mayor, que en tono de broma y con una sonrisa de lado, decía:

—Tener…

Entonces ya todos nos reíamos, y a veces la conversación seguía en torno a ocurrencias, y otras veces mi hermana y yo a coro respondíamos:

—Ser ...

Eso hacía que nuestro padre nos felicitara, cosa que me gustaba, con lo cual aprendí a responder siempre «Ser», aunque no entendiera bien qué significaba.

Con los años aprendí que «Ser» es la cosa más importante que pueda llegar a existir, sí, eso que mi padre decía como un juego de palabras y que por años me revoloteaba en mi cabeza, era lo que más me costaría ser, y fue precisamente: SER.

¿Y que es para mí SER?
- Es estar en paz y armonía con uno mismo.
- Es llegar donde uno quiere llegar.
- Es ser fiel a las propias convicciones.
- Es darse con amor desde el amor que uno siente.
- Es sentir que tenemos todo lo que necesitamos.
- Es libertad de sentimientos y pensamientos.

- Es permitir que todas las emociones vivan y se manifiesten.
- Es aceptarse y amarse con luces y sombras.

Alguna vez le he preguntado a mis hijos qué es más importante ¿SER o TENER?

Ahora te lo pregunto a ti...

Y sea cual sea la respuesta, que todo lo que tengas y seas serás TÚ.

BUSCA

¿Alguna vez te dijeron la palabra «BUSCA»? Sí, busca…, busca el juguete que se te perdió y no encuentras, busca los deberes que faltan por hacer, busca la camiseta que te quieres poner… Busca…, menuda pereza buscar ciertas cosas; bueno, la verdad es que depende de qué busques, pues algunas cosas hacen más gracia que otra.

Por ejemplo, buscar el cromo que te falta para completar una colección está bien, pero... buscar qué zapatos ponerte, la verdad que no mucho.

¿Y en tu corazón, has buscado alguna vez? Ya… Me dirás que no sabes cómo, y la verdad es que si lo piensas, es complicado, pero ¿y si lo sientes? Sí, de sentir, así como cuando sentimos alegría o rabia, o curiosidad, o enfado, ese sentir. ¿A que ahora lo vez más fácil? Claro, uno puede identificar qué siente, pues depende del momento que vive; si estás subido a una montaña rusa de esas bien altas, seguro que sientes algo así como una mezcla de euforia, temor e incertidumbre, y si estás por hacer un examen algo difícil, igual sientes un poco de miedo; o si se acerca tu fecha de cumpleaños, lo que más sientes es alegría seguramente.

Buscar qué cosas quiere uno, también puede ser una ardua tarea, porque hay cosas que las sabemos casi de memoria, y que no nos la tiene que decir nadie, es como si nos saliera desde dentro, pero otras, por más que uno busque y busque, no las encuentra.

Yo creo que nos tenemos que centrar en lo que queremos y no en lo que no queremos, porque saber lo que uno quiere, ya nos está diciendo mucho de quiénes somos, y hacia dónde vamos, o al menos hacia dónde queremos ir.

Otra cosa que podemos buscar son nuestras virtudes, ¡que tenemos muchísimas! Podemos enumerarlas y así saber más de nosotros mismos, conocernos mejor. Es una herramienta muy buena para tener en cuenta, porque cuando nos centramos en las cosas que tenemos y que pensamos que son «malas», eso no nos permite ver todo lo bueno que hay en nosotros.

A mí una vez me dijeron que buscara consuelo en alguien o en algo, y creo que eso no me ayudó a encontrarlo en mí misma; si algo nos duele o nos lastima, siempre es bueno tener la ayuda de un amigo o de alguien que nos quiere, eso reconforta, y mucho, pero también es bueno saber que si esa ayuda, ese consejo o esa compañía no llega, tenemos la de nuestro propio ser que siempre estará con nosotros.

A veces, uno se siente perdido en algunas búsquedas, y no necesariamente porque estemos buscando un cofre de piratas en el fondo del mar, sino que pensamos que perdemos el tiempo o que quizá no haya nada que encontrar... Pues de eso nada, siempre hay tesoros, algunos bien escondidos, otros con jeroglíficos, o con mapas algo borrosos, y algunos en la superficie, pero siempre encontrarás algo nuevo en ti.

¿A que ahora ya estás más dispuesto a buscar? Igual aún no tienes ganas de buscar soluciones a ciertos problemas, pero tal vez ya tengas más ganas de saber que las hay dentro de ti, conocerte y saber qué tienes para dar y, sobre todo, qué te hace feliz.

Busca en ti, el tiempo que tardes en encontrarte no importa, siempre será tiempo destinado a ti, te descubrirás y podrás aprender a mimarte siempre que lo necesites, no esperarás nada de nadie porque todo nacerá en ti, y desde allí podrás dar todo el amor que tienes dentro.

Yo, después de mucho buscar, me he encontrado, ¿y tú?...

LOS GRANDES

Cuando yo era niña, todos solíamos llamar a los adultos «los grandes» cuando nos referíamos a los padres, a los abuelos, los maestros, etc.

Ellos eran «los grandes», y lo pongo entre comillas porque ellos podían hacer cosas que nosotros no, como ir de compras solos, pagar las cuentas, conducir, trabajar, elegir que comer... y muchas cosas, pero sobre todo, decidir cosas que nosotros aún no podíamos.

Ellos eran los que nos dejaban hacer algunas cosas sí y otras no, los que nos premiaban cuando hacíamos algo bien, y nos regañaban cuando hacíamos algo mal, en una palabra: los que mandaban.

Yo ahora pertenezco, por así decirlo, al club de «los grandes». Y veo como «grande», pero ver como grande no siempre me hace grande, aunque parezca un juego de palabras. Hay grandes que no tienen la grandeza que hay que tener para tratar con niños, algunos los prefieren niños momias, sí, que no griten mucho ni hagan mucho ruido, no sea cosa que les molesten más de la cuenta. He conocido, por desgracia, a muchos de estos grandes...

Grandes que no se acuerdan de cuando ellos eran niños y jugaban, cantaban o bailaban y se lo pasaban bien solo riéndose sin sentido, se olvidaron de su niñez y de su propio niño interno, lo dejaron tan adentro, tan guardado que apenas lo ven. Entonces no recuerdan esa simpleza de que quizás todo es mucho más fácil y simple de como lo hacemos los grandes.

Se olvidaron de saltar, de imaginar, de perdonar, de ver la vida con aquellos ojos que vieron una vez esa hermosa fantasía que es la realidad que ven los niños, y que es tan sanadora y tan real si así queremos que sea.

También conozco grandes que se revuelcan en el suelo jugando, que cantan bien alto aunque desafinen, que no le tienen miedo al ridículo, que crean y se dejan llevar por su niño interior y se relacionan con los niños, con su propio niño interno, y así todo es más fácil y fluye, no se fuerza nada, hay entendimiento y sobre todo alegría y armonía. Grandes que no le temen al cariño en cantidades desorbitadas y a los que no le asusta la diversión, que inventan historias y construyen realidades felices en momentos que no lo son tanto, y hacen que todo se impregne de felicidad.

Ahora quisiera deciros y decirnos a todos los adultos; «Por favor, seamos de esos grandes, al menos, todo lo más que podamos, que en algún momento ya saldrá el adulto controlador a educar y a decir otra vez que eso no se hace y eso sí, pero no les cortemos siempre las alas a los más pequeños; al contrario, permitámonos y permitamos a ellos conservar sus niños todo lo más que puedan.

¿Sabéis cómo podemos ayudarles? Diciéndoles muchas veces que cuando crezcan, no escondan y guarden a su niño bajo siete llaves al fondo de su corazón, animarlos a que lo tengan vivo y siempre con ellos, participando en decisiones de esas que pensamos que solo podemos hacerlas con el cerebro, cuando en realidad es la intuición de nuestro niño la que nos dará la clave de ser felices.

Y que esos niños maravillosos que son se conviertan en «grandes», pero GRANDES de verdad.

CREANDO

Durante algunos de los talleres y cuenta-cuentos que hice con *¡Palabras Mágicas!* Conocí a muchos niños mágicos que inventaron sus propias palabras mágicas, y aquí quería compartir algunas, para que se sigan animando a crear su propia magia a través de las palabras:

- DÉJATE LLEVAR
- FLOR BONITA
- TENER FE
- CORAZÓN
- HOLA, QUÉ TAL
- DÍA DE SOL

- CARAMELOS
- UNICORNIO DE COLORES
- BRILLO DE LUZ
- AMIGOS PARA SIEMPRE

¡Y muchas más! También pintaron las ilustraciones de algunos cuentos.

¡Ahora te toca a ti! Puedes inventar palabras mágicas y pintar los dibujos de los cuentos!

O dibujar cómo crees que son los protagonistas de las historias. No lo olvides, ¡eres un artista!

EL ÁRBOL MÁGICO

Para terminar me gustaría compartir una parábola que me encanta y que leí en muchas de mis presentaciones de *¡Palabras Mágicas!* Creo que representa de alguna manera lo importante que son las creencias que tenemos.

El árbol mágico o de los deseos, también conocido como «Kaltaparu», es un árbol mitológico, que en la literatura sánscrita de la India, se menciona como árbol divino, fuente dador de todos los deseos y dice algo así…

«Una vez un hombre estaba viajando y entró al paraíso por error. En el concepto indio del paraíso, hay árboles que conceden los deseos, se llaman KALTAPARUS. Simplemente te sientas bajo uno de estos árboles, deseas cualquier cosa e inmediatamente se cumple.

El hombre estaba cansado, así que se durmió bajo un árbol dador de deseos. Cuando despertó, tenía hambre, entonces dijo: "¡Tengo tanta hambre! Ojalá pudiera tener algo de comida". E inmediatamente apareció la comida de la nada, simplemente flotando en el aire, una comida deliciosa.

Tenía tanta hambre que no prestó atención de dónde había venido la comida.

Inmediatamente empezó a comer, y la comida estaba ¡tan deliciosa!...

Una vez que su hambre estuvo saciada, miró a su alrededor y ahora se sentía satisfecho; otro pensamiento surgió en él: "Si tan solo pudiera tomar algo!" Y de inmediato apareció un vino estupendo.

Mientras bebía este vino tranquilamente y soplaba una suave y fresca brisa bajo la sombra del árbol, comenzó a preguntarse: "¿Qué está pasando? ¿Estoy soñando o hay fantasmas que están jugándome una broma?" Y aparecieron fantasmas feroces, horribles, nauseabundos. Comenzó a temblar y pensó: "¡Seguro que me matan!" Y lo mataron».

Desear es algo muy bonito, por eso me gusta tanto esta parábola porque me recuerda lo importante de tener siempre pensamientos positivos para crear.

Todos tus pensamientos te están creando a ti y a tu vida. Tu mente es un árbol dador de deseos.

Cada uno es aquí un mago ...

... y está hilando y tejiendo un mundo mágico en torno a sí mismo...

Crea magia, pensando cosas mágicas para que siempre tengamos más que palabras mágicas en nuestra vida.

¡GRACIAS, GRACIAS, GRACIAS!

FAMILIA

Siempre han sido mi fuente perfecta de energía y amor.

AMIGAS

Almas poderosas y mágicas que tuve y tengo la hermosa satisfacción de coincidir otra vez en esta vida y a través de ella.

ANCESTROS, GUÍAS ESPIRITUALES Y ALMAS GENEROSAS

A todas esas ayudas de amor, y a esos encuentros maravillosos que la vida me regala y que me enseñan una y otra vez.

Gracias a los niños que siguen siendo niños, y a los que aman a su niño interior y no lo olvidan.

No nos olvidemos de quiénes somos. ¡Y sigamos repartiendo MAGIA!